This Book Belongs to.
For my Children
Zainab and Asiyah
and Zahra

Alif

ا

أرنَب

Arnab

Rabbit

Bã
ب
بَقَرَة
Baqarah
Cow

Tã ت

تِمسَاح

Timsãh
Crocodile

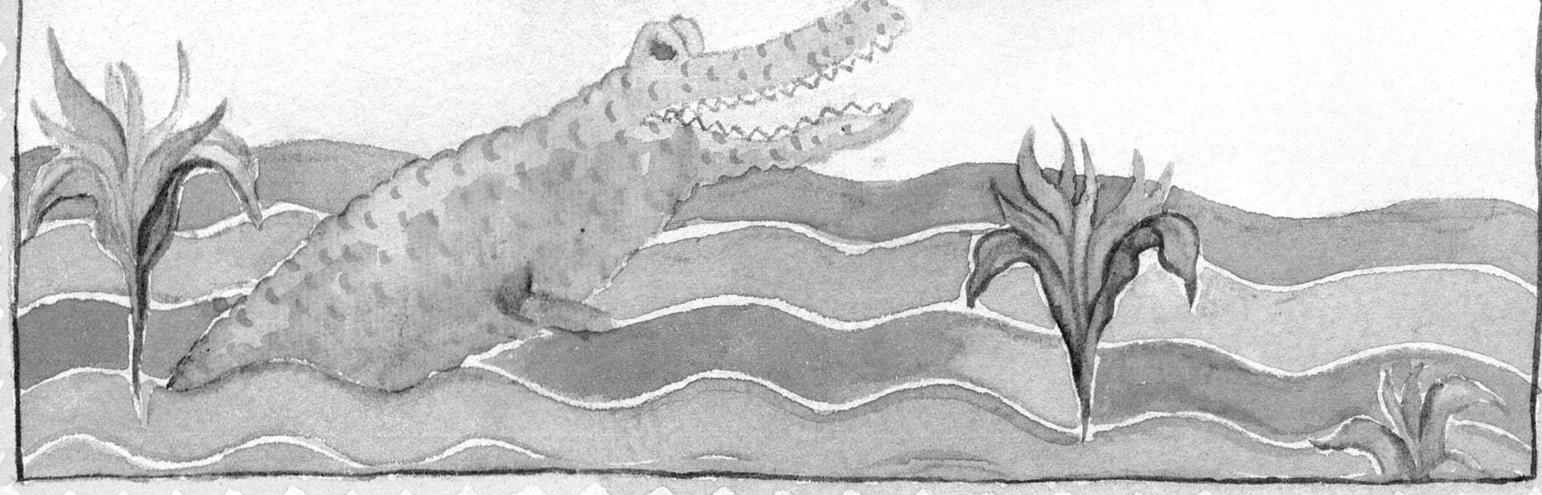

Thã ث

ثَلْج

Thalj

Snow

Jĩm

ج

جَمَل

Jamal

Camel

Ḥã

ح

حِصَان

Ḥisãn

Horse

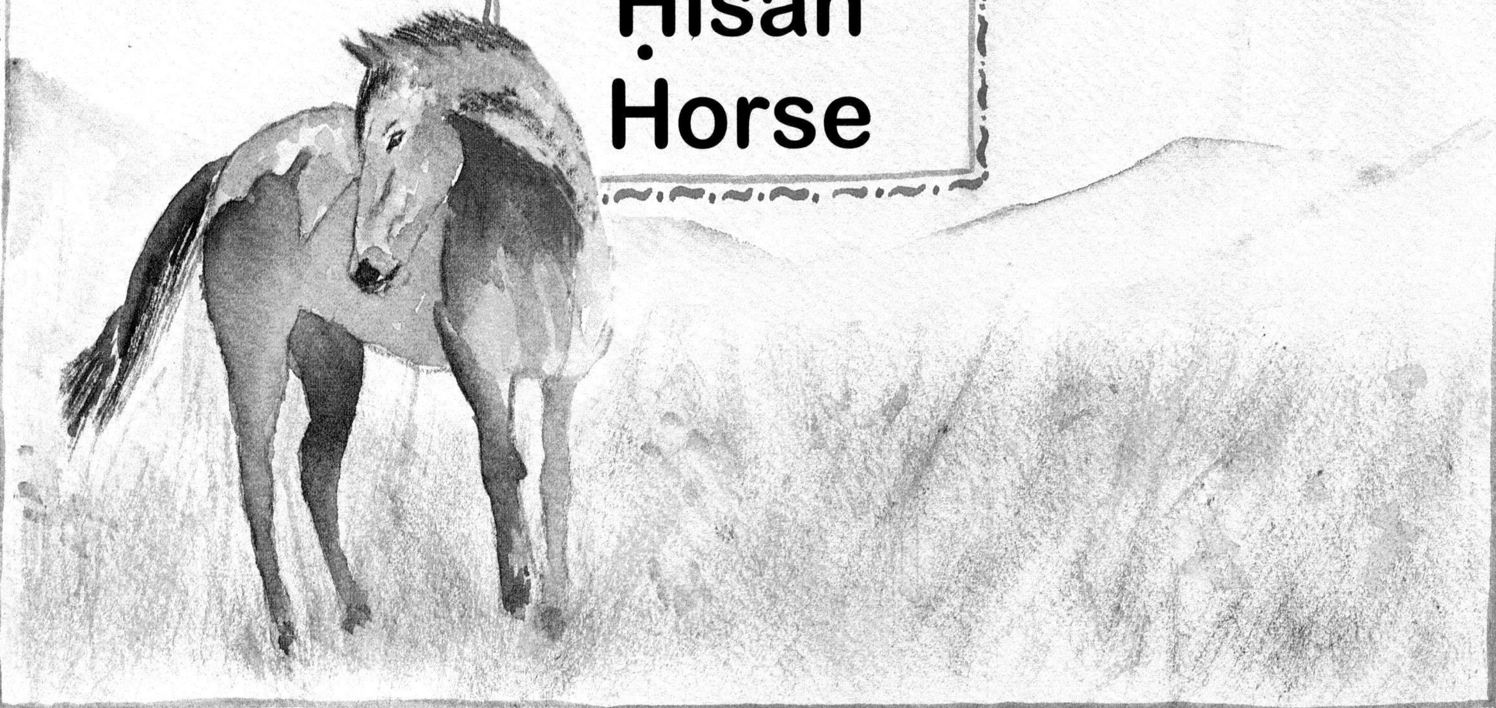

Khã
خ
خَيْمَة
Khaymah
Tent

Dãl

د

دَجَاجَة

Dajãjah
Hen

Dhal

ذ

ذِئب

Dhi‘b
Wolf

Ra

ر

رِيْشَة

Rẽshah

Feather

Za

ز

زَرَافَة

Zarãfah
Giraffe

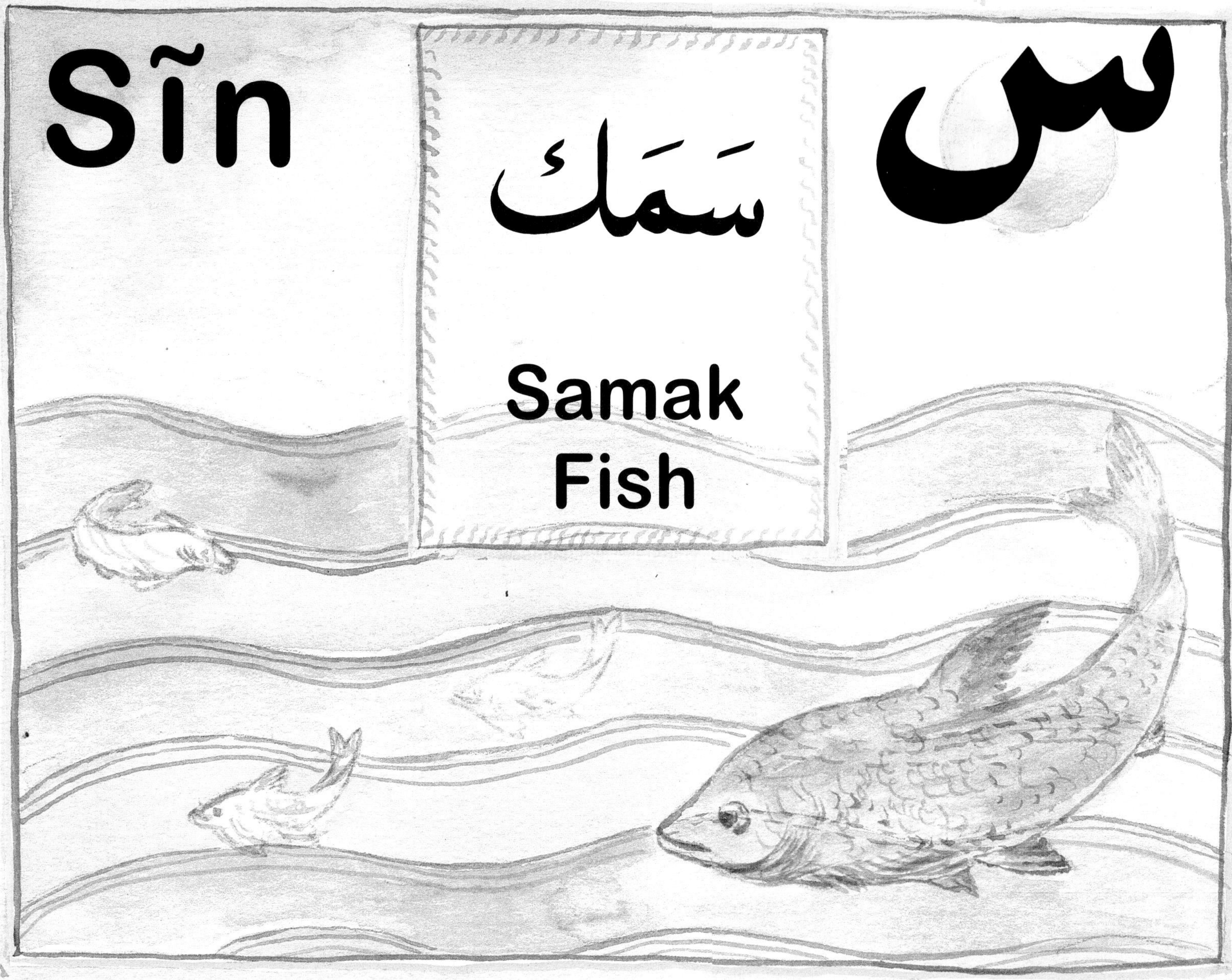
Sĩn
س
سَمَك
Samak
Fish

Shĩn

ش

شَمْسْ

Shams

Sun

Ṣãd
ص
صَندُوق
Ṣãnduq
Chest

Ḍãd

ضِفْدَع

ض

Ḍifda‘
Frog

Ṭã
ط
طَائِرَة
Ṭã’irah
Aeroplane

Ẓã
ظ
ظُلَّة
Ẓullah
Shade

‘Ain

ع

عُصْفُور

‘Usfũr

Sparrow

Ghain
غَنَمٌ
غ
Ghanam
Sheep

Fã
ف
فِرَاش
Firãsh
Bed

Qãf
ق
قِطّ
Qitta
Cat

Kãf
ك
كُرسِى
Kursiy
Chair

Lãm

ل

لَقْلَق

Laqlaq
Stork

Mĩm
مَرْكَبْ
Markab
Ship
م

Nũn
ن
نَمِر
Namir
Tiger

Hã
ه
هَدِيَّة
Hadiyyah
Gift

Waw
و
وَرَقَة
Waraqah
Leaf

Yã

ي

يَخُت

Yakht
Yacht